AF339472

Cours d'Écriture

en

24 Modèles Gradués

avec Texte pour la formation méthodique des Lettres,

pour les genres Cursive (Anglaise), Ronde, Bâtarde et Gothique,

PAR

Flament-Duhaut,

Professeur à Douai

Médaille de Bronze à l'Expⁿ Univᵉˡˡᵉ de 1862

PRIX 1ᶠ25

DÉPOSÉ

Écriture Cursive.

[dite Anglaise]

Position du Corps, tenue du Cahier et de la Plume — Le corps sera soutenu par la jambe et le bras gauches, afin que le bras droit puisse se mouvoir aisément. Le pied gauche sera un peu plus avancé que l'autre. L'élève aura le bras droit près du corps, le coude en dehors de la table. Le bras gauche, posé entièrement sur la table, sera beaucoup plus distant du corps que l'autre bras, afin de donner à l'écriture la pente nécessaire, tout en tenant le cahier droit devant l'épaule droite. La plume, tenue légèrement entre le pouce, l'index et le majeur, sera placée un peu en dedans, c'est-à-dire qu'elle devra poser sur le côté droit du bec, l'extrémité du porte-plume reposant près de l'ongle du doigt majeur. Les deux premiers doigts seront allongés sans raideur; les deux derniers, un peu courbés sous les autres, formeront le point d'appui de la main.

Plein et délié — Le plein, ou partie appuyée de la lettre, s'obtient par une pression de l'index et du majeur sur la plume. Les déliés ou liaisons sont les traits fins des lettres: ils doivent s'exécuter légèrement et sans pression sur la plume.

Corps d'écriture — On appelle ainsi l'espace compris entre les deux lignes dans lesquelles on écrit; les petites lettres ne dépassant pas ces lignes se nomment lettres intérieures, les autres s'appellent lettres extérieures.

Pente de l'écriture — On obtient la pente exacte de la Cursive en menant une diagonale dans les deux tiers d'un Carré (voir page 1).

Écriture Ronde.

L'écriture Ronde, à cause de ses deux sortes de pleins et du soin qu'on est obligé d'apporter dans la formation des courbes, ne peut servir d'écriture courante; elle doit se tracer à main posée et ne sert que pour l'inscription des titres, noms propres et mots saillants d'un récit. Il faut apporter, dans l'exécution de ce genre d'écriture, beaucoup de soins, afin d'obtenir la netteté dans les courbes et l'uniformité dans le plein.

Position du Corps — L'écriture Ronde n'ayant pas de pente, il faut, pour former toutes les lettres dans le sens vertical, que le corps soit placé droit devant la table; les deux coudes reposeront sur la table, à distance égale du corps.

Tenue du Cahier et de la Plume — L'élève, placé comme il vient d'être prescrit, maintiendra toujours le cahier droit devant le visage; il placera la plume entre le pouce, l'index et le majeur, la tenue des doigts devant un peu plus arrondis que dans la tenue indiquée pour l'écriture Cursive; le porte-plume sera tenu un peu plus élevé, l'extrémité opposée à la plume passant au milieu de la phalange supérieure de l'index; les deux derniers doigts un peu distants des autres, formeront le point d'appui de la main.

— *Plein et manière d'opérer pour les courbes* — La largeur du bec de la plume doit toujours être égale à la grosseur du plein que l'on veut donner: on doit donc employer des plumes différentes, selon la grosseur de l'écriture. La Ronde comporte deux sortes de pleins: 1° celui que la plume donne en montant et qu'on nomme *plein ascendant*; 2° le plein ordinaire ou *plein descendant* (voir page 14). On obtient le passage d'un plein à un délié (et réciproquement) en faisant tourner lentement la plume à l'aide du pouce.

Écriture Bâtarde.

L'écriture Bâtarde a beaucoup d'analogie avec la Ronde, et à part une légère différence dans la formation de quelques lettres, ce genre d'écriture n'est qu'une sorte de ronde, allongée et penchée.

Pente; position du Corps — La pente de l'écriture Bâtarde s'obtient par la diagonale du tiers du carré (voir page 18). Pour former toutes les lettres dans cette direction, l'élève placera le bras gauche sur la table, à une distance un peu plus grande du corps que le bras droit; l'avant-bras droit sera un peu éloigné du corps, le coude en dehors de la table. La jambe gauche, un peu plus avancée que l'autre, comme dans la position prescrite pour l'écriture Cursive soutiendra, avec le bras gauche, le poids du corps, afin de laisser bien libre la main qui écrit.

Tenue du Cahier et de la Plume — Le cahier sera placé droit devant l'épaule droite; la tenue de la plume est la même que pour l'écriture Ronde.

Pleins et rondeurs des Lettres — Les explications données à ce sujet pour la Ronde s'appliquent également à l'écriture Bâtarde.

Florimond Duhault, Calligraphe à Douai. Déposé Imp. Lith. Robert et Lepage, à Douai.

m, mu, un, uni.

muni, minimum.

mur, unir, munir.

t, tu, nuit, minuit.

Jambages et mots composés de jambages — Observer le même intervalle entre les jambages des lettres m, n, u. Prendre les 2e et 3e jambages de l'm à la base du jambage qui les précède. Observer l'égalité des courbes 1 et 2 dans le jambage final de l'm et dans les jambages opposés 3 et 4. Construire d'un seul trait les jambages opposés: n. L'r final [r] est formé de la lettre n, n. Le t se forme d'un i moitié plus grand, la barre horizontale du t se construit très légèrement, à hauteur du corps d'écriture.

me, menu, même.

minute, tenue, été.

mener, tête, nette.

muet, mêmement.

Étude de la lettre e. — La lettre e commence au milieu du corps d'écriture par une petite boucle bien arrondie (1), le corps de cette lettre est formé d'un plein courbé (2 à 3). — Construire d'un seul trait les deux courbes opposées : e (4 et 5).

Nota. — Bien observer les deux sortes de pleins : { dans les lettres droites, plein droit : u t / dans les lettres courbes, plein courbé : e *coadgqx, ode, âge.*

image, code, cage.

coque, caquetage.

mixte, équinoxe.

Lettres formées du C. — Dans la lettre C, le point initial (1) sera formé légèrement, la tête de la lettre bien arrondie, le corps formé d'un plein courbé (2). La lettre O se forme d'un C dont la terminaison vient s'unir au point de départ (3). — Le 1er élément des lettres a d g q est un C que l'on vient fermer à la manière de l'O mais sans point. L'a se termine par un jambage d'i, le d par ce même jambage d'une hauteur double. La 2e partie du g commence par un plein qui diminue d'épaisseur en passant sous le corps d'écriture; la boucle du g sera bien courbée et fermée sous le corps d'écriture (4). La 2e partie de la lettre q est une droite dont le plein va progressant. — L'x est formé d'un c renversé et d'un c droit; le plein du second c doit couvrir celui du c renversé.

Nota. — Les deux éléments, dans chacune des lettres a, d, g, q, ne se touchent qu'en un point : a, d, g, q.

v, v w r. voir, rêver.

vérité, carnivore.

vrai, terre, arriver.

wagon, wagram.

Lettres formées du jambage final de l'm. — Lettre v : former un jambage final d'm en observant bien l'égalité des deux courbes (1 et 2); courber le délié final et terminer par un point à hauteur du corps d'écriture (3). Le double v (w) se forme de l'm renversé et se termine comme le v. — La lettre v a le point initial au-dessous du corps d'écriture et se termine par un jambage final d'm : v v.
Nota. — Bien observer que le point de l'v se met en dehors du corps d'écriture, tandis que le point du v se place en dedans. v v

p. cap, rape par.

cep, pipe, apport.

rs. ris, ruses rose.

sises assassinat.

Étude des lettres p, s — La première partie de la lettre p doit être prise un peu au-dessus du corps d'écriture (1); le plein, qui ne commence qu'au milieu du corps d'écriture (2), est donné progressivement jusqu'en bas (2 à 3); la terminaison de cette lettre est un jambage final d'm (4) — Lettre s : Former un petit angle sans plein dépassant un peu le corps d'écriture (5); terminer par un s renversé avec point final en dedans de la courbe (6). Quand deux s se suivent, on peut les lier entre eux en formant la base du premier s d'une boucle d's renversé: p, ss.

lf, Gj, lh, hj, yh, lk.

ils, elles, voyelles.

hôtel, lithographe.

kirsch, yacht, coke.

Étude des Lettres à boucles.

Boucles supérieures: Mener un délié que l'on brisera un peu au-dessus du corps d'écriture, au point indiqué 1; courber ce délié en montant (2) jusqu'au sommet de la boucle, qui devra être bien arrondie (3); descendre le plein en passant au point 1 où le délié a été brisé. — Boucles inférieures: Commencer par un plein diminuant d'épaisseur en passant sous le corps d'écriture (4 à 5); bien courber la boucle (6) et la fermer sous le corps d'écriture (7). — La base de l'l sera formée comme un i. La lettre h se termine par un jambage final d'm. L'y, qui est la lettre h renversée, commence par un jambage final d'm. La terminaison du k est encore un jambage final d'm divisé par le milieu et formant une petite boucle: l l.

Nota. Dans les boucles, le plein n'est pas donné dans toute la longueur de la lettre; l'extrémité (3 et 6) doit être construite sans aucun plein.

ob. robe, blé, cables.

bible, bibliothèque.

if, nef, afin, fifres,

forfaits, fort, effet.

Suite des lettres à boucles — Former le b comme la lettre l, courber le délié final (1) et terminer la lettre par un point à hauteur du corps d'écriture (2) ; la base du b doit former les ⅔ d'un o. — La boucle supérieure de l'f sera formée en dehors du corps d'écriture et sans aucun plein (3) ; la boucle inférieure sera tournée à droite (4) et fermée par un point dans le corps d'écriture (5).

Nota. La lettre f est formée de deux boucles inégales : la première, en dehors du corps d'écriture, est donnée sans plein ; la boucle inférre, appuyée et un peu plus large que l'autre, doit entrer dans le corps d'écriture, contrairement à toutes les autres grandes boucles.

riz. riz, nez, azote.

voyez, gaze, zinc.

Aabcdefghijklm

nopqrstuvwxyzz

Suite et fin des boucles — Commencer la lettre z par un point comme celui de la lettre v et courber le délié (1); former un petit angle au-dessus du corps d'écriture (2) et descendre un trait sans plein (3); construire la boucle (4) comme celles déjà étudiées. Le z terminant un mot peut être construit sans boucle (5).

Alphabet récapitulatif — Exécuter plusieurs fois l'alphabet, en suivant pour chaque lettre le mode de construction indiqué; donner aux lettres extérieures les dimensions prescrites, observer la distance entre les lettres, veiller à l'uniformité du plein et faire les déliés avec légèreté.

La vie de l'homme
est un journal où
il ne doit inscrire
que bonnes actions.

Flament-Duhaut, Calligraphe à Douai.   Déposé.   Lith. Robert et Lepage

La nature nous a donné deux oreilles et une seule bouche, pour nous apprendre que nous devons plus écouter que parler. C'est le caractère des grands esprits de faire entendre, en peu de paroles, beaucoup de choses : les petits esprits ont le don de beaucoup parler sans rien dire.

Flamant Duhaut, Calligraphe à Douai.   Déposé.   Lith. Robert et Lepage.

Exercices en Fine Cursive.

m m m mu mu uni unir muni minimum.

mc mc menu mener même mon non nommer.

tp tp tp moment minute pipe impôt netteté

cadyyx cage image coquet magique axe adieux

ufs ifs vfs wfs vous missions wagons passer.

mrzz rares erreurs narrer riz azur azote gaz.

il ils les elle belle blé robes bulle cable bible.

yhjk voyages whist joyeux orthographe kirsch

ilf fifre effet efforts code mode désordres rades /

Dans l'écriture fine, les lettres m n u, seront exécutées sans arrêt entre les jambages ; les mots formés d'un petit nombre de lettres, tels que : me, mon, vous, elle, etc. seront aussi construits sans arrêt ; dans les mots composés de plusieurs syllabes on doit lier, autant que possible, 3, 4 ou 5 lettres ensemble. La lettre v, pour pouvoir faire liaison avec la lettre qui la précède et avec celle qui la suit, peut être construite en commençant par la gauche v, au lieu d'être commencée par un c comme dans l'écriture en gros. Le d se construit aussi : d ; sa base est alors formée d'un v, sa courbe supér.re sera jetée légèrement, sans aucun plein. Le t se construit comme la 1.re partie du p. Quand deux s se suivent, la 1.re lettre est formée de 2 boucles sans plein, inversement tournées. Quand deux f se suivent, la 2.e lettre peut être terminée par une droite. La hauteur des grandes boucles, dans l'écriture fine doit avoir trois ou quatre corps.

Nota. Exécuter plusieurs fois chaque ligne de ces Exercices.

Élément Duhaut, Calligraphe à Douai.   Déposé.   Lith. Robert et Lepage

Avantages de l'Instruction.

La véritable science et les études solides qui y conduisent seront toujours estimées, même par les ignorants. Il n'est personne qui ne fasse cas d'un homme qui parle bien sa langue et l'écrit correctement, qui sait conduire ses affaires et donner à tous de bons conseils, qui raisonne juste sur les choses qu'il connaît et fait tellement valoir ses raisons qu'il amène les autres à son sentiment. On aura pour un tel homme, de l'estime et de l'admiration.

Flamont-Duhautz, Calligraphe à Douai.   Déposé.   Lith. Robert et Lepage

Majuscules en Chiffres.

Amiens, Boulogne, Calais, Dunkerque,
Étampes, Foix, Grenoble, Hazebrouck,
Issoudun, Jonzac, Kœnigsberg, Lyon,
Limoges, Marseille, Nantes, Orléans,
Perpignan, Paris, Quimper, Rennes,
Rouen, Strasbourg, Tours, Uzès, Verdun,
Wagram, Xérès, Yvetot, Ypres, Zurich.

———— 1, 2, 3, 4, 5, 6, 7, 8, 9, 0 ————

Intervalles à
observer entre
les lettres :
{ entre deux lettres droites ... 3 becs de plume.
entre une droite et une courbe . 2 becs ½.
entre deux lettres courbes ... 2 becs.

nu ou oe e

L'écriture Ronde n'a pas de pente, les lettres suivent la direction de la ligne verticale.

1. plein ascendant.
2. plein descendant

Dimensions des lettres extérieures

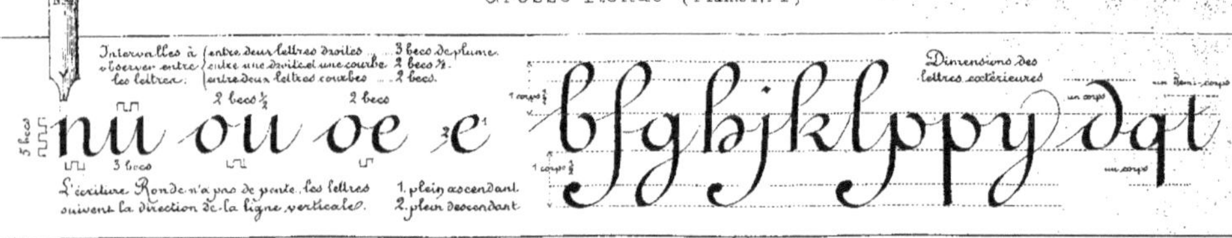

bfghjklppy dqt

iii uu m uni nr itr tir minuir.
(r final) (t final)

ooo ccc eee . toir conte contenir.

oadggq . mode gage aqueduc .

1re ligne . Jambages (plein descendant). Observer le même intervalle entre les jambages des lettres m, n, u. Les 2e et 3e jambages des lettres m, n, seront pris au milieu du corps d'écriture ; le jambage final de ces mêmes lettres doit former deux courbes égales. Le t est formé d'un i ; l'r final (r) se forme d'un n.
2e et 3e lignes . Lettres formées de l'o (étude du plein ascendant) — Lettre o : 1re moitié, plein descendant, bien arrondi (1) ; 2e moitié, plein ascendant, bien arrondi (2) ; cette lettre doit pouvoir se diviser en 2 parties égales ; le sommet de l'o présente une petite ouverture (3) — Lettre c : 1re partie, petit crochet formé d'un plein ascendant, partie comme la 1re moitié de l'o (2) — Lettre e : boucle bien arrondie (plein ascendant) prise au milieu du corps d'écriture (1) ; terminer comme le c (2) — Lettre a : 1re partie o ; 2e partie comme le début de l'o, mais moins large ; le plein de la 2e partie de l'a doit passer sur le plein ascendant de sa 1re partie — Lettre d : la base est formée d'un o, ascendant est prolongé en courbe en dehors du corps d'écriture — Lettres g, q : 1re partie formée d'un o ; le g se termine par une boucle ou par un crochet dont le mode... tion est donné à la page suivante ; la terminaison de la lettre q est une droite dont le plein doit passer sur le plein ascendant de la 1re partie de cette lettre.

cxs. cieux textes sacs cassia.

oroz. tort rare auroze ordre.

bbbk. tolle blé bible schakos.

yj gy. jougs noyer granges.

lj ff. forfait fifres gouffres.

1re ligne. Lettre x : 1re moitié formée d'un c renversé; 2e partie formée d'un c droit dont le plein couvre celui du c renversé. Lettre s : extrémité supérieure (1) en dehors du corps d'écriture; base bien arrondie comme la 1re moitié de l'x. — 2e ligne. Lettre r : petit plein légèrement courbé à droite (1) et diminuant d'épaisseur jusqu'à sa jonction avec la 2e partie de la lettre qui se termine par la 1re moitié d'un o (2); l'r se construit aussi renversé (3) — 3e ligne. Boucles supérieures: Plein ascendant (1) bien arrondi; plein descendant courbé d'abord (2) puis droit (3). La partie bouclée est toujours en dehors du corps d'écriture. Le b se termine par un o, la lettre k par un c renversé. — 4e ligne. Boucles inférieures et Crochets. Dans ces lettres, la partie inférieure se construit soit avec une boucle, soit avec un crochet: dans ce dernier cas, la courbe amenant au crochet (1) doit être un peu plus développée qu'une boucle (3). Le crochet est formé d'un petit plein ascendant suivi d'un point placé en dedans de la courbe (2). L'y est formé d'un jambage final d'm et d'un j; le g, d'un o et d'un j. — 5e ligne. La lettre f se forme de la 1re partie d'un b (1) et d'un j (2); boucle à la partie supérieure (1), crochet à la partie inférieure (2). Quand deux f se suivent, le crochet de la seconde lettre est remplacé par un plein droit (3).

opp. cap rapes pipes trappes.
oqw. vioze whisz. rz. zône riz.

La principale prudence est
de parler peu et de se défier
bien plus de soi que d'autrui.

La 1ᵉ partie de la lettre p est formée d'un crochet ou d'une droite; la 2ᵉ partie, prise dans le haut de la première et dans son plein (1) se forme d'un o. Dans les mots où deux p se suivent, la seconde lettre est toujours commencée par un plein droit. — Le v, commencé et terminé par un o (1 et 2) diffère de cette lettre par sa base qui forme une pointe passant légèrement sous le corps d'écriture (3); le w est formé de la 1ᵉ moitié du v unie à un v entier par un délié (4). — La lettre z est formée de deux petits pleins arrondis, unis entre eux par un trait oblique et sans plein, que l'on obtient avec le tranchant de la plume.

L'envie est une passion désordonnée qui ne peut souffrir ni grâce ni vertu dans les âmes : il n'y a point de réputation, point de bonheur qu'elle n'étouffât, si elle pouvait, dès leur naissance.

—— Moyenne Ronde (Plume N.° 3) ——

Amiens, Blois, Cognac, Douai, Evreux, Foix, Gap, Ham, Ivsuy, Joigny, Kars, Lunéville, Melun, Nice, Ozan, Pau, Québec, Ré, Sens, Toul, Uzès, Verdun, Wight, Xérès, Ypres, Zug.

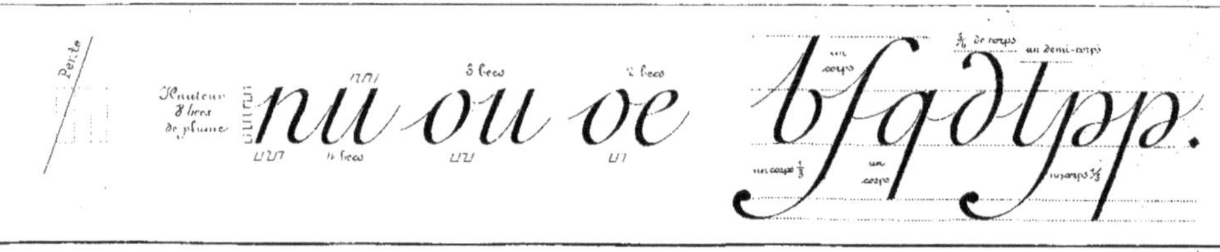

1111 uu m un mu muni.

nr, it. mûrir tutti nuit.

oo cc ee. cour teint route.

Les lettres étudiées dans ce modèle ont la même formation que dans l'écriture ronde. — Observer le même intervalle entre tous les jambages; prendre les 2.ᵉ et 3.ᵉ jambages des lettres m, n, au milieu du corps d'écriture. — Il n'y a, dans la Bâtarde, qu'une sorte d'r; cette lettre est formée de l'n. — La lettre v est un peu ouverte au sommet; la boucle de l'e commence au milieu du corps d'écriture.

odpv. mode vide divinité.

lbbk. blé libre hôte coke.

cxs. mixtes luxes liesse.

cagq. cage coquet gage.

1re ligne. Le D se forme comme en Ronde (1, 8), mais se termine par un petit plein descendant (8) légèrement courbé. Les lettres V et W ont aussi la même formation que dans l'écriture Ronde. — 2e ligne. Lettres extérieures à tête droite. La lettre l est formée d'un i ayant double hauteur. Le b commencé comme la lettre l, se termine de manière à présenter comme base les 3/4 de la lettre o. La 1re partie des lettres b, k, est formée d'un plein droit; l'b se termine par un c renversé; le signe: e terminant la lettre k est formé de deux petites courbes se réunissant au milieu du corps d'écriture. — 3e ligne. Former les lettres x, s, comme dans l'écriture Ronde. — 4e ligne. La 1re partie des lettres a, g, q, est formée d'un c dont la terminaison vient s'unir au point de départ: o; ces lettres se terminent de la manière indiquée dans l'écriture Ronde. (Le plein de la seconde partie des lettres a, g, q, doit couvrir la tête du c formant la première partie de ces trois lettres.)

mjy epp. joyau, papier.

voyageur part apport.

z. zône azur zizanie riz.

ccf. nef afin coffre flots.

Crochets et Boucles : Dans l'écriture Bâtarde, les boucles n'existent qu'inférieurement au corps d'écriture. Les lettres j, g, y, peuvent être formées d'une boucle ou d'un crochet que l'on construit de la manière indiquée dans l'étude de la Ronde. La lettre p, commencée par un crochet ou un plein droit, se termine par un c renversé. — Lettre z : Formation déjà indiquée dans l'écriture Ronde. — Différentes formes de l'f : La lettre f est formée de la moitié d'un c (1) et d'un j (2). Quand deux f se suivent, la seconde lettre est descendue droite. L'f double se commence au point indiqué (3) dans le modèle : on descend d'abord la 1re lettre (3 à 4), puis on reprend au point 3 pour terminer par l'f droit (5 à 6). Lorsqu'il précède un l, l'f dépasse cette lettre d'un tiers de corps.

L'esprit, très utile quand
il est le compagnon du
jugement, est dangereux
quand il prend sa place.

Moyenne Bâtarde et Majuscules.
(Plume N.º 2)

Évitons, en conversation, de parler souvent de
nous-mêmes et surtout de nous offrir comme
exemple, car rien n'est plus désagréable qu'un
homme qui se cite lui-même à tout propos.

A A B C D E F G H I J K L M
N O P Q R S E U V W X Y Z.

Flamenet-Duhaut, Calligraphe à Douai.   Déposé.   Lith. Robert et Lygoge

Fine Bâtarde.
Le temps est précieux, mais on n'en
connaît pas le prix : on le connaîtra
lorsqu'on n'en pourra plus profiter.
Pendant que ce temps si court de la
vie nous est donné, employons-le bien.
1. 2. 3. 4. 5. 6. 7. 8. 9. 0.

Fine Ronde.
Pendant que vous êtes jeunes, tâchez
d'acquérir la sagesse ce sera toute votre
consolation lorsque vous serez vieux, car
c'est la seule chose dont la possession soit
certaine et qu'on ne pourra vous ravir.
1. 2. 3. 4. 5. 6. 7. 8. 9. 0.

Petite Gothique.
La terre n'est jamais ingrate, elle nourrit toujours de
ses fruits ceux qui la cultivent soigneusement, et ne refuse
ses biens qu'à ceux qui craignent de lui donner leurs peines.

Flamant-Duhaut, Calligraphe à Douai.
Déposé.   Lith. Robert et Lepage

Écriture Gothique.

A a b c d e f g h i j k l m n o p q r s t u v w x y z.

B C D E F

Le plus riche héritage qu'on puisse laisser à ses enfants c'est la gloire de ses vertus.

G H I J K L M N O P Q R S T

U V W X Y Z

Lith. Robert et Lepage. Déposé.

Ordre de formation.

i u m n r x v w - o c e o a d q - l l t f b k - j j y g h p
un demi-corps   un demi-corps